Bleib einfach jung im Herzen

Gottes Segen für dich

benno

Was ich dir wünsche

Lebensfreude

Erfüllung

Glück

Glaube

Liebe

Zuversicht

Stille

Humor

Gelassenheit

Seelenfrieden

Weisheit

Engel

Was ich dir wünsche

Lebensfreude

Was ich dir wünsche

Ich wünsche dir
die Fröhlichkeit eines Vogels
im Ebereschenbaum am Morgen,
die Lebensfreude eines Fohlens
auf der Koppel am Mittag,
die Gelassenheit eines Schafes
auf der Weide am Abend.

Altirischer Segenswunsch

Der Mensch
ist nicht zum Vergnügen,
sondern zur Freude geboren.

Paul Claudel

Von allen Besitztümern auf Erden
ist das Wertvollste die Lebenskunst.
Denn alles andere können Kriege
und Schicksalsschläge rauben,
die Lebenskunst aber bleibt uns bewahrt.

Hipparchos

Lebensfreude

Das Leben ist eine Chance – nutze sie.
Das Leben ist Schönheit – bewundere sie.
Das Leben ist Seligkeit – genieße sie.
Das Leben ist ein Traum – verwirkliche ihn.
Das Leben ist eine Herausforderung –
stelle dich ihr.

Mutter Teresa

Freude ist keine Gabe des Geistes;
sie ist eine Gabe des Herzens.

Ludwig Börne

Du wagst dein Ja – und erlebst einen Sinn.
Du wiederholst dein Ja – und alles bekommt Sinn.
Wenn alles Sinn hat,
wie kannst du anders leben als ein Ja.

Dag Hammarskjöld

Der Herr sei neben dir,
um dich zu bewahren
vor den Gefahren dieses Lebens.
Der Herr sei unter dir,
um dich aufzufangen,
wenn du fällst.
Der Herr sei in dir,
um dich zu trösten,
wenn du traurig bist.
Der Herr sei um dich herum,
um dich zu schützen.
Der Herr sei über dir,
um dich zu segnen.
So segne dich der gütige Gott.

Altchristliches Segensgebet

Auch aus Steinen,
die in den Weg gelegt werden,
kann man Schönes bauen.

Johann Wolfgang von Goethe

Lebensfreude

Wenn durch einen Menschen
ein wenig mehr Liebe und Güte,
ein wenig mehr Licht und Wahrheit
in der Welt war,
hat sein Leben einen Sinn gehabt.

Alfred Delp

Leicht zu leben
ohne Leichtsinn,
heiter zu sein
ohne Ausgelassenheit,
Mut zu haben
ohne Übermut,
das ist die Kunst des Lebens.

Theodor Fontane

Gott, ich werfe meine Freude
wie Vögel an den Himmel.
Die Nacht ist verflattert
und ich freue mich am Licht der ersten Strahlen …
Was da aus uns kommt,
was da in uns ist an diesem Morgen, das ist Dank …
Gott, ich freue mich an der Schöpfung
und dass du dahinter bist
und daneben und davor und in uns.
Ich freue mich, Herr,
ich freue mich und freue mich.
Die Psalmen singen von deiner Liebe,
die Propheten verkündigen sie,
denn jeder Tag ist ein Zeichen
deiner Gnade.

Afrikanisches Morgengebet

Lebensfreude

Drei Dinge sind uns
aus dem Paradies geblieben:
die Sterne der Nacht,
die Blumen des Tages
und die Augen
der Kinder.

Dante Alighieri

Herr! Schicke, was du willst,
ein Liebes oder Leides;
ich bin vergnügt, dass beides
aus deinen Händen quillt.
Wollest mit Freuden
und wollest mit Leiden
mich nicht überschütten!
Doch in der Mitten
liegt holdes Bescheiden.

Eduard Mörike

Was ich dir wünsche

Die Welt ist schön …
weil es Menschen gibt,
die dich annehmen;
die dich mögen;
die nicht immer gleich
mit dem Zeigefinger deuten,
wenn du mal anderer Meinung bist …

weil es Menschen gibt,
die Gutes tun;
Menschen, die Güte ausstrahlen;
Menschen, die nie müde werden,
zum Guten anzustiften;
Menschen, die vorbehaltlos lieben …

weil es Menschen gibt,
die mit ihren Augen liebkosen,
die mit ihren Händen streicheln,
die mit ihrer Stimme
zu verstehen geben,
dass sie es gut mit dir meinen …

Adalbert Ludwig Balling

Lebensfreude

Das Leben ist eine Chance – nutze sie.
Das Leben ist Schönheit – bewundere sie.
Das Leben ist Seligkeit – genieße sie.
Das Leben ist ein Traum – verwirkliche ihn.
Das Leben ist eine Herausforderung – stelle dich ihr.
Das Leben ist Pflicht – erfülle sie.
Das Leben ist ein Spiel – spiele es.
Das Leben ist kostbar – geh sorgsam damit um.
Das Leben ist Reichtum – bewahre ihn.
Das Leben ist Liebe – erfreue dich an ihr.
Das Leben ist ein Rätsel – löse es.
Das Leben ist ein Versprechen – erfülle es.
Das Leben ist Traurigkeit – überwinde sie.
Das Leben ist eine Hymne – singe sie.
Das Leben ist eine Tragödie – ringe mit ihr.
Das Leben ist ein Abenteuer – wage es.
Das Leben ist ein Glück – verdiene es.
Das Leben ist das Leben – verteidige es.

Mutter Teresa

Was ich dir wünsche

Erfüllung

Gott hat jedem Menschen
die Fähigkeit verliehen,
etwas zu erreichen.
Keinen Menschen hat er
ohne alle Talente gelassen.

Martin Luther King

Es gibt Augenblicke in unserem Leben,
in denen Zeit und Raum tiefer werden
und das Gefühl des Daseins
sich unendlich ausdehnt.

Charles Baudelaire

Man sieht nur
mit dem Herzen gut,
das Wesentliche
ist für die Augen unsichtbar.

Antoine de Saint-Exupéry

Erfüllung

Das Bewusstsein
eines erfüllten Lebens
und die Erinnerung
an viele gute Stunden
sind das größte Glück
auf Erden.

Cicero

Nicht das Vielwissen sättigt die Seele
und gibt ihr Befriedigung,
sondern das innere Schauen
und Verkosten der Dinge.

Ignatius von Loyola

Drei Pfade hat der Mensch in sich,
in denen sich sein Leben tätigt:
die Seele, den Leib und die Sinne.

Hildegard von Bingen

Was ich dir wünsche

Schenke mir eine gute Verdauung, Herr,
und auch etwas zu verdauen.
Schenke mir Gesundheit des Leibes
mit dem nötigen Sinn dafür,
dass ich ihn möglichst gut erhalte.
Schenke mir eine heilige Seele, die im Auge behält,
was gut und rein ist, die sich nicht einschüchtern lässt
vom Bösen, sondern Mittel findet,
die Dinge in Ordnung zu bringen.
Schenke mir eine Seele, der die Langeweile fremd ist,
die kein Murren kennt, kein Seufzen und Klagen,
und lasse nicht zu, dass ich mir zu viele Sorgen mache
um dieses Etwas, das sich so breitmacht und sich
„Ich“ nennt.
Schenke mir den Sinn für freundlichen Humor.
Gib mir die Gnade, einen Scherz zu verstehen,
damit ich ein wenig Glück finde im Leben
und anderen davon weitergebe.

Thomas Morus

Erfüllung

Und wenn wir die ganze Welt durchreisten,
um das Schöne zu finden:
Wir müssen es in uns tragen,
sonst finden wir es nie.

Ralph Waldo Emerson

Wie oft vergessen wir, Gott zu sagen:
Wie gut bist du! Wie liebe ich dich!
Die ganze Welt offenbart deine Schönheit.

Kardinal Arns

Die Menschen sind zur Schönheit berufen:
der Geist, Schönheit zu denken,
die Augen, Schönheit zu sehen,
das Herz, Schönheit in die Welt zu tragen.

Schöpfungslied der Taos-Indianer

Kein Mensch auf Erden
hat mir so viel Freude gemacht
als die Natur
mit ihren Farben, Klängen, Düften,
mit ihrem Frieden und ihren Stimmungen.

Peter Rosegger

Die Natur breitet ihre Arme für uns aus und
lädt uns ein, uns an ihrer Schönheit zu erfreuen.
Wir aber fürchten ihr Schweigen
und eilen in die beengten Städte
und drängen uns zusammen wie Schafe
auf der Flucht vor dem wilden Wolf.

Khalil Gibran

Gönne dich dir selbst.
Sei wie für alle anderen auch für dich selbst da.

Bernhard von Clairvaux

Erfüllung

Ich wünsche,
dass dein Glück
sich jeden Tag erneure,
dass eine gute Tat
dich jede Stund erfreue!
Und wenn nicht eine Tat,
so doch ein gutes Wort,
das selbst im Guten wirkt,
zu guten Taten fort.
Und wenn kein Wort,
doch ein Gedanke schön und wahr,
der dir die Seele mach und
rings die Schöpfung klar.

Friedrich Rückert

Die allein sind imstande,
wahrhaft diese Welt zu genießen,
die mit der unsichtbaren Welt beginnen.

John Henry Newman

Was ich dir wünsche

Glück

Die Fähigkeit,
glücklich zu leben,
kommt aus einer Kraft,
die der Seele innewohnt.

Marc Aurel

Unser Glück und Seelenfrieden
beruhen darauf,
dass wir tun,
was wir für richtig
und angemessen halten,
und nicht,
was andere sagen oder tun.

Mahatma Gandhi

Nicht der Himmel bringt das Glück;
der Mensch bereitet sich sein Glück
und spannt seinen Himmel selber
in der eigenen Brust.

Otto Ludwig

Glück

Glücklich der Mensch,
der seinen Nächsten trägt
in seiner ganzen Gebrechlichkeit,
wie er sich wünscht,
von jenen getragen zu werden
in seiner Schwäche.

Franz von Assisi

Das Glück des täglichen Lebens
liegt im Wirken der Klugheit,
durch das der Mensch sich selbst
und andere regiert.

Thomas von Aquin

Nicht die Art der Tätigkeit macht glücklich,
sondern die Freude des Schaffens
und Gelingens.

Carl Hilty

Ich danke meinem Gott, dass er mir das
Glück gegönnt hat, ihn als Schlüssel zu
unserer wahren Glückseligkeit kennenzulernen.
Ich lege mich nie zu Bett,
ohne zu bedenken, dass ich vielleicht
den anderen Tag nicht mehr sein werde,
und es wird doch kein Mensch sagen
können, dass ich im Umgang mürrisch
und traurig wäre. Für die Glückseligkeit
danke ich alle Tage meinem Schöpfer.

Wolfgang Amadeus Mozart

Vergiss nicht:
Man benötigt nur wenig,
um ein glückliches Leben
zu führen!

Marc Aurel

Glück

Man soll
die Leute froh machen!
Es macht mich glücklich,
die Leute fröhlich zu sehen.

Louis Armstrong

Das Lächeln,
das du aussendest,
kehrt zu dir zurück –
als Glück.

Aus Indien

Ein glückliches Leben
ist der Genuss der Gegenwart,
das ewige Leben
ist die Hoffnung der Zukunft.

Ambrosius

Will das Glück
nach seinem Sinn
dir was Gutes schenken,
sage Dank und nimm es hin
ohne viel Bedenken.
Jede Gabe sei begrüßt,
doch vor allen Dingen:
Das, worum du dich bemühst,
möge dir gelingen!

Wilhelm Busch

Glücklich ist,
wer sich bei Sonnenuntergang
über die aufgehende Sonne freut.

Adalbert Ludwig Balling

Glück

Lebenskünstler
sind bereits glücklich,
wenn sie nicht
unglücklich sind.

Jean Anouilh

Das wahre Glück kommt nicht von außen,
sondern hat seinen Ursprung
im Allerheiligsten des Lebens.

Khalil Gibran

Die Bescheidenheit glücklicher Menschen
kommt von der Ruhe, welche das Glück
ihren Gemütern verleiht.

François de La Rochefoucauld

Das Glück besteht nicht darin,
dass du tun kannst, was du willst,
sondern darin, dass du auch immer willst,
was du tust.

Leo Tolstoi

Man muss glücklich sein,
um glücklich zu machen.
Und man muss glücklich machen,
um glücklich zu bleiben.

Maurice Maeterlinck

Wenn das Glück
uns entgegenkommt,
trägt es fast nie das Gewand,
in dem wir es erwarteten.

Madame Amiel-Lapeyre

Glück

Glück ist eine stille Stunde,
Glück ist auch ein gutes Buch,
Glück ist Spaß in froher Runde,
Glück ist freundlicher Besuch.

Glück ist niemals ortsgebunden,
Glück kennt keine Jahreszeit,
Glück hat immer der gefunden,
der sich seines Lebens freut.

Clemens von Brentano

Das wahre Glück
besteht nicht in dem,
was man empfängt,
sondern in dem,
was man gibt.

Johannes Chrysostomus

Was ich dir wünsche

Willst du immer weiterschweifen?
Sieh, das Gute liegt so nah.
Lerne nur das Glück ergreifen,
denn das Glück ist immer da.

Johann Wolfgang von Goethe

Das Bewusstsein eines erfüllten Lebens
und die Erinnerung an viele gute Stunden
sind das größte Glück auf Erden.

Cicero

Viele handeln so,
als wären Komfort und Luxus
das Wichtigste im Leben.
Doch zum wahren Glück
brauchen wir nichts weiter als etwas,
wofür wir uns begeistern können.

Charles Kingsley

Glück

Das Glück begreifen,
dass der Boden, auf dem du stehst,
nicht größer sein kann als die zwei Füße,
die ihn bedecken.

Franz Kafka

Es ist eine Unwahrheit,
wenn man das Nichterreichen
eines Unerreichbaren
für einen Verlust des Lebensglückes ansieht;
denn die Fähigkeit unseres Herzens
für das Glück ist eine unermessliche.

Theodor Storm

Man entdeckt keine neuen Weltreiche
ohne den Mut,
alte Küsten aus den Augen zu verlieren.

André Gide

Die Natur hat dafür gesorgt,
dass es, um glücklich zu leben,
keines großen Aufwandes bedarf,
jeder kann sich selbst glücklich machen.

Seneca

Ein Hauptstudium der Jugend sollte sein,
die Einsamkeit ertragen lernen,
weil sie eine Quelle des Glücks
und der Gemütsruhe ist.

Arthur Schopenhauer

Nimm dir Zeit zu lesen –
das ist der Brunnen der Weisheit.
Nimm dir Zeit, freundlich zu sein –
das ist der Weg zum Glück.
Nimm dir Zeit zu träumen –
sie bewegt dein Gefährt zu einem Stern.

Irischer Segenswunsch

Glück

Wie glücklich
sind doch die Kinder Gottes,
die sich ganz auf
seine Vorsehung verlassen!
Ihnen kann nichts geschehen,
was nicht zu ihrem Besten wäre.

Johanna Franziska von Chantal

Es gibt nur ein Mittel,
sich wohlzufühlen:
Man muss lernen,
mit dem Gegebenen zufrieden zu sein
und nicht immer das verlangen,
was gerade fehlt.

Theodor Fontane

Blumen fragen nicht,
wo und wie sie blühen sollen;
sie haben es in sich.
Dein Glück muss in dir selber wurzeln,
damit es unverlierbar wird.

Elmar Gruber

Die Liebe weint mit den Weinenden,
freut sich mit den Frohen,
ist glücklicher über des anderen Wohl
als über das eigene.

Katharina von Siena

Immer die kleinen Freuden aufpicken,
bis das große Glück kommt.
Und wenn es nicht kommt,
dann hat man wenigstens
die kleinen Glücke gehabt.

Theodor Fontane

Glück

Wähle den Weg
über die Bäche
und stürze dich nicht gleich
in das Meer!
Man muss durch das Leichtere
zum Schwierigen gelangen.

Thomas von Aquin

Das Glück kommt zu denen,
die es erwarten.
Nur müssen sie
die Tür offen halten.

Thomas Mann

Was ich dir wünsche

Glaube

Was ich dir wünsche

Man soll nicht ängstlich fragen:
„Was wird noch kommen?“,
sondern sagen:
Ich bin gespannt,
was Gott noch mit mir vorhat.

Selma Lagerlöf

Der Glaube, senfkorngroß,
versetzt den Berg ins Meer.
Denkt, was er könnte tun,
wenn er ein Kürbis wär.

Angelus Silesius

Nichts soll dich ängstigen,
nichts dich erschrecken.
Alles vergeht,
Gott bleibt derselbe.

Teresa von Ávila

Glaube

Gott lieben ist,
ihm das Schönste zuzutrauen.
Wenn ich einen Menschen liebe,
traue ich ihm alles Gute zu.
In meinen Tagträumen,
in meinen Wachträumen tut er es schon.
Einfach, weil ich ihn liebe.

Friedrich Weinreb

Wir wissen, wie sich das Licht bricht,
aber das Licht bleibt ein Wunder.
Wir wissen, wie die Pflanze wächst,
aber die Pflanze bleibt ein Wunder.
So ergeht es uns mit allen Dingen
auf dieser Welt; wir besitzen viele Kenntnisse,
doch die Schöpfung bleibt ein Wunder.

Albert Schweitzer

Wir müssen die Widerwärtigkeiten,
die Gott uns schickt, annehmen,
ohne viel darüber nachzugrübeln,
und wir dürfen es als gewiss annehmen,
dass es das Beste ist,
was uns begegnen kann.

Philipp Neri

So selig ist kein Seliger,
so glücklich kein Glücklicher
wie ein Mensch,
der Gott im Herzen hat.

Antonius von Padua

Glaube

Jeder Mensch
ist ein besonderer
Gedanke Gottes.

Paul de Lagarde

Das Kreuz Christi ist eine Last von der Art,
wie es die Flügel der Vögel sind.
Sie tragen aufwärts.

Bernhard von Clairvaux

An einen Gott glauben heißt,
die Frage nach dem Sinn des Lebens verstehen.
An einen Gott glauben heißt sehen,
dass es mit den Tatsachen der Welt
noch nicht abgetan ist.
An einen Gott glauben heißt sehen,
dass das Leben einen Sinn hat.

Ludwig Wittgenstein

Wohin die Seele mit all ihren Sinnen
und Kräften nicht zu reichen vermag,
dorthin trägt sie der Glaube.

Meister Eckhart

Ich lebe mein Leben in wachsenden Ringen,
die sich über die Dinge zieh'n.
Ich werde den letzten vielleicht nicht vollbringen,
aber versuchen will ich ihn.

Ich kreise um Gott, um den uralten Turm,
und kreise jahrtausendelang;
und ich weiß noch nicht: bin ich ein Falke,
ein Sturm oder ein großer Gesang.

Rainer Maria Rilke

Glaube

Der höchste Friede, den die Seele kann genießen,
ist, wenn man sich kann eins mit Gottes Willen
wissen.

Angelus Silesius

Wer Gott dient, ist glücklich,
wo immer er ist.

Damian Deveuster

Was dir auch immer begegnet,
mitten im Abgrund der Welt:
Es ist die Hand, die dich segnet.
Es ist der Arm, der dich hält.

Rudolf Alexander Schröder

Es weiß keiner von uns, was Gott wirkt
und was er den Menschen gibt.
Es ist für uns verborgen und soll es bleiben.
Manchmal dürfen wir ein klein wenig
davon sehen, um nicht mutlos zu werden.

Albert Schweitzer

Der Mensch macht seine Pläne,
und oft muss er erleben, dass Gott sie umwirft.
Wo aber die Suche nach Wahrheit
das letzte Ziel ist, da spielt es keine Rolle,
ob die Pläne des Menschen durchkreuzt werden:
Das Ergebnis ist nie nachteilig,
oft sogar besser, als es entworfen war.

Mahatma Gandhi

Sorge nicht um das, was kommen wird,
weine nicht um das, was vergeht.
Aber sorge, dich selbst nicht zu verlieren,
und weine, wenn du dahintreibst
im Strome der Zeit,
ohne den Himmel in dir zu tragen.

Friedrich Schleiermacher

Gott ist Licht wegen seiner Helligkeit,
Friede wegen seiner Ruhe,
eine Quelle wegen seiner
überfließenden Fülle und der Ewigkeit.

Bernhard von Clairvaux

Was ich dir wünsche

Liebe

Jeder Tag bietet eine Möglichkeit,
lieben zu können,
wachsen zu können.

Carol Ann Hierl

Geben in Liebe
heißt nie verlieren,
und wie man Liebe
nicht schenken könnte,
wenn man sie nicht hätte,
so hat man sie erst,
wenn man sie schenkt.
Die Liebe allein
versteht das Geheimnis,
andere zu beschenken und dabei
selbst reich zu werden.

Augustinus

Liebe

Der Mensch ist nicht
nach dem zu beurteilen, was er weiß,
sondern nach dem, was er liebt.
Nur die Liebe macht ihn zu dem,
der er ist.

Augustinus

Auch mächtige Wasser
können die Liebe nicht löschen;
auch Ströme schwemmen sie nicht weg.

Die Bibel (Hohelied 8,7)

Eine Seele,
die liebt,
ist für die Welt
eine kleine Sonne,
die Gott ausstrahlt.

Chiara Lubich

Wir sind Engel
nur mit einem Flügel.
Um fliegen zu können,
müssen wir uns umarmen.

L. de Crescenzo

Dies bedeutet Glück,
das Glück schlechthin:
zu lieben und zu spüren:
Ich bin geliebt.

Chiara Lubich

Die Kraft zu lieben
ist Gottes größtes Geschenk
an den Menschen,
denn niemals wird es dem Gesegneten,
der liebt, genommen werden.

Khalil Gibran

Liebe

Die Liebe hemmet nichts;
sie kennt nicht Tür noch Riegel
und dringt durch alles sich;
sie ist ohn' Anbeginn, schlug ewig ihre Flügel
und schlägt sie ewiglich.

Matthias Claudius

Wer nicht liebt,
bewegt sich an der Oberfläche des Lebens.
Nur die Liebe erschließt
die tieferen Zusammenhänge.

Ulrich Schaffer

Der Herr sieht nicht so sehr
auf die Größe der Werke
als auf die Liebe,
mit der sie getan werden.

Teresa von Ávila

Liebe und tu, was du willst.
Schweigst du, so schweige aus Liebe!
Redest du, so rede aus Liebe!
Schonst du, so schone aus Liebe!
Die Wurzel der Liebe sei in dir.
Aus dieser Wurzel
kann nur Gutes kommen.

Augustinus

Die Liebe tut dem Nächsten
nichts Böses.
So ist nun die Liebe
des Gesetzes Erfüllung.

Die Bibel (Römer 13,10)

Liebe

Die Liebe besteht nicht in Worten,
sondern in der Kraft der Menschen,
die Last der Erde zu tragen,
ihr Elend zu mildern
und ihren Jammer zu beheben.

Johann Heinrich Pestalozzi

Eine Zunge und zwei Hände
hat uns Gott gegeben, weil er will,
dass wir mehr tun als reden sollen.
Das Wort ohne Werk ist tot,
ja die ganze Welt ohne Liebe ist nichts wert.
Die Liebe aber hat ihren Sitz nicht im Mund,
sondern im Herzen aufgeschlagen.

Ignatius von Loyola

Es ist nicht wahr,
dass sich jeder selbst der Nächste ist,
sondern es ist wahr,
dass die Liebe zu den Menschen,
die Liebe zu allen, die uns brauchen
und auf die wir angewiesen sind,
Licht ins Leben bringt.

Hermann Gmeiner

Die Welt,
so mangelhaft sie auch ist,
sie ist dennoch schön und reich.
Denn sie besteht aus
lauter Gelegenheiten
zur Liebe.

Søren Kierkegaard

Liebe

Ein einziges Wort befreit uns
von der Last und dem Schmerz des Lebens:
dieses Wort ist die Liebe.

Sophokles

Die Liebe ist schließlich das Glück
und der Trost unseres Lebens.
Wer nur sich selbst sucht,
wird auch nur sich selbst finden
und er wird vereinsamen.
Die Seligkeit liegt in der Liebe.

Franz Sawicki

Was ich dir wünsche

Zuversicht

Was ich dir wünsche

Man bleibt jung,
solange man noch lernen,
andere Gewohnheiten annehmen
und Widerspruch ertragen kann.

Marie von Ebner-Eschenbach

Sag Ja zu den Überraschungen,
die deine Pläne durchkreuzen,
deine Träume zunichte machen,
deinem Tag eine ganz
andere Richtung geben,
ja vielleicht deinem Leben.

Dom Hélder Câmara

Wer nur zurückschaut,
kann nicht sehen,
was auf ihn zukommt.

Konfuzius

Zuversicht

Nimm dir Zeit, den Himmel zu betrachten.
Suche Gestalten in den Wolken.
Höre das Wehen des Windes
und berühre das kalte Wasser.
Gehe mit leisen, behutsamen Schritten.
Wir sind Eindringlinge,
die nur für kurze Zeit geduldet werden.

Indianische Weisheit

Manchmal denkt man,
Gott müsste einem
in all den Widerständen des Lebens
ein sichtbares Zeichen geben, das einem hilft.
Aber dies ist eben sein Zeichen:
Dass er einen durchhalten
und es wagen und dulden lässt.

Jochen Klepper

Was ich dir wünsche

Man nehme zwölf Monate,
putze sie sauber von Bitterkeit, Geiz,
Pedanterie und Angst und zerlege
jeden Monat in 30 oder 31 Teile, sodass
der Vorrat genau für ein Jahr reicht.

Jeder Tag wird einzeln angerichtet aus
einem Teil Arbeit und zwei Teilen Frohsinn
und Humor. Man füge drei gehäufte
Esslöffel Optimismus hinzu, einen Teelöffel
Toleranz, ein Körnchen Ironie und
eine Prise Takt.
Dann wird die Masse sehr reichlich
mit Liebe übergossen.

Das fertige Gericht schmücke man mit
Sträußchen kleiner Aufmerksamkeiten
und serviere es täglich mit Heiterkeit
und mit einer guten
erquickenden Tasse Tee …

Catharina Elisabeth Goethe

Zuversicht

Wenigstens nachts lass dein Herz ruhen …
Wenigstens nachts hör auf zu rennen;
besänftige die Wünsche,
die dich verrückt machen;
versuch, deine Träume schlafen zu lassen.
Gib dich preis, Leib und Seele,
endgültig, in Gottes Hände.

Dom Hélder Câmara

Menschen fragen manchmal,
was Mönche in einem Kloster tun.
Die Antwort lautet: Wir fallen und stehen auf,
wir fallen und stehen auf und abermals
fallen wir und stehen wieder auf.
Und wir finden die Stärke aufzustehen,
indem wir Gott unsere Schwäche bekennen.

Pachomius

Was ich dir wünsche

Ein Stück des Weges liegt hinter dir,
ein anderes Stück hast du noch vor dir.
Wenn du verweilst, dann nur,
um dich zu stärken,
nicht aber, um aufzugeben.

Augustinus von Hippo

Vergiss nicht, dass jede Wolke,
so schwarz sie ist,
dem Himmel zugewendet
doch ihre lichte Sonnenseite hat.

Fr. W. Weber

Jedes Jahr, jeder Tag
ist ein neu geschenktes Leben,
damit der Mensch besser mache,
was in seinem bisherigen Leben
nichts getaugt hat.

Alban Stolz

Zuversicht

Jeder Augenblick im Leben
ist ein neuer Aufbruch, ein Ende
und ein Anfang, ein Zusammenlauf der Fäden
und ein Auseinandergehen.

Yehudi Menuhin

Jeder Tag ist ein kleines Leben, das heißt:
ein zu bewältigendes Angebot und nicht ein Berg,
den wir nicht übersteigen können.

Liselotte Nold

Menschen, die aus der Hoffnung leben,
sehen weiter.
Menschen, die aus der Liebe leben,
sehen tiefer.
Menschen, die aus dem Glauben leben,
sehen alles in einem anderen Licht.

Lothar Zenetti

Die Hoffnung, die das Risiko scheut,
ist keine Hoffnung.
Hoffnung heißt:
an das Abenteuer der Liebe glauben;
Vertrauen zu den Menschen haben;
den Sprung ins Ungewisse tun
und sich ganz Gott überlassen.

Dom Hélder Câmara

Hoffnung ist nicht die Überzeugung,
dass etwas gut ausgeht, sondern
die Gewissheit, dass etwas Sinn hat,
egal wie es ausgeht.

Václav Havel

Die Tugend des Alltags ist die Hoffnung,
in der man das Mögliche tut
und das Unmögliche Gott zutraut.

Karl Rahner

Zuversicht

Ein glückliches Leben
ist der Genuss der Gegenwart,
das ewige Leben
ist die Hoffnung der Zukunft.

Ambrosius

Nicht das Straucheln ist entscheidend,
sondern das Wiederaufrichten,
nicht die Resignation, sondern die Hoffnung.

Franz Kardinal König

Wenn ich wüsste,
dass morgen noch die Welt untergeht,
würde ich heute noch
ein Apfelbäumchen pflanzen.

Martin Luther

Was ich dir wünsche

Stille

Wenn man Ruhe
nicht in sich selbst findet,
ist es umsonst,
sie anderswo zu suchen.

François de La Rochefoucauld

Vielerlei brauche ich
zu einem erfüllten Leben:
Freunde, mit denen ich Glück und Unglück
teilen kann,
leidenschaftliche Liebe, geistige Ansprache
und den Luxus der Einsamkeit.

Anne Ranasinghe

Die größten Ereignisse,
das sind nicht unsere lautesten,
sondern unsere stillsten Stunden.

Friedrich Nietzsche

Stille

Im Zustand des Schweigens
findet die Seele ihren Weg
in einem klaren Licht
und alles Trügerische und alle Täuschung
lösen sich auf in kristallene Klarheit.
Die Seele braucht Ruhe,
um zu ihrer vollen Größe zu gelangen.

Mahatma Gandhi

Einen Augenblick der Stille:
ein Lichtblick,
der durch den Tag begleitet.

Friederike Weichselbaumer

Nichts hat so sehr
das Wesen der Menschen verändert
als der Verlust des Schweigens.

Max Picard

Eine Seele ohne Schweigen
ist wie eine Stadt ohne Schutz
und wer das Schweigen pflegt,
bewahrt seine Seele.

Thérèse von Lisieux

Die Stille ist nicht auf den Gipfeln der Berge,
der Lärm nicht
auf den Märkten der Städte;
beides ist in den Herzen der Menschen.

Laotse

Man muss schlaflose Nächte haben,
um etwas von dem Geheimnis
der großen Stille Mitternacht zu wissen.

Ferdinand Ebner

Stille

Man muss dem Inneren die entspannte
Ruhe zugestehen,
die Zeit im Nichtstun zu verlieren. Das Einzige,
was man in diesem Zustand tun kann, ist dies:
Man soll das Innere freilassen von Wahrneh-
mungen
und Gedanken, Meditationen und Erwägungen
und sich ausschließlich hingeben an ein
liebevolles und friedvolles Innewerden Gottes.

Johannes vom Kreuz

Wenn ich zum Gebet der Ruhe
und zur Meditation gelangen wollte,
half es mir immer,
Felder, Wasser oder Blumen zu betrachten,
in ihnen fand ich eine Spur des Schöpfers.

Teresa von Ávila

Was ich dir wünsche

Merk auf dieses feine,
unaufhörliche Geräusch;
es ist die Stille.
Horch auf das, was man hört,
wenn man nichts vernimmt.

Paul Valéry

Pausen der Stille
in meinem Leben, ich brauche sie.
Sie helfen mir, Kräfte zu sammeln,
mich auf das Wesentliche
zu besinnen, zu mir selbst
zu finden und – Gott zu finden.

Anselm von Canterbury

Täglich eine halbe Stund auf Gott zu horchen
ist wichtig, außer wenn man sehr viel zu tun hat.
Dann ist eine ganze Stunde nötig.

Franz von Sales

Stille

Nur in Umkehr und Ruhe
liegt eure Rettung,
nur Stille und Vertrauen
verleihen euch Kraft.

Die Bibel (Jesaja 30,15)

Am Morgen eine Schale Blumen aufzustellen,
kann uns an einem überfüllten Tag
ein Gefühl der Stille geben –
wie ein Gedicht zu schreiben
oder ein Gebet zu sprechen.

Anne Morrow Lindbergh

Wo Stille ist und Besinnlichkeit,
ist nicht Unruhe noch Ziellosigkeit.
Wo Barmherzigkeit ist und Bescheidenheit,
ist nicht Überfluss noch Härte.

Franz von Assisi

Was ich dir wünsche

Wer gesammelt
in der Tiefe lebt,
der sieht auch die kleinen Dinge
in großen Zusammenhängen.

Edith Stein

Die Frucht der Stille ist das Gebet.
Die Frucht des Gebets ist der Glaube.
Die Frucht des Glaubens ist die Liebe.
Die Frucht der Liebe ist das Dienen.
Die Frucht des Dienens ist der Friede.

Mutter Teresa

Es gibt eine Stille,
in der man meint,
man müsse die einzelnen Minuten hören,
wie sie in den Ozean der Ewigkeit
hinuntertropfen.

Adalbert Stifter

Stille

Die größten Wunder
gehen in der größten Stille vor sich.

Wilhelm Raabe

Die Bäume, die Blumen,
die Kräuter,
sie wachsen in der Stille.
Die Sterne, dic Sonne, der Mond,
sie bewegen sich in der Stille.
Die Stille gibt uns eine neue
Sicht der Dinge.

Mutter Teresa

Stille kommt von stehen.
Wer still werden will, muss stehen bleiben,
um schauen und horchen zu können.

Anselm Grün

Was ich dir wünsche

Humor

Was ich dir wünsche

Gibt es schließlich eine bessere Form,
mit dem Leben fertig zu werden,
als mit Liebe und Humor?

Charles Dickens

Fröhliche Menschen sind nicht bloß glückliche,
sondern in der Regel auch gute Menschen.

Karl Julius Weber

Humor ist das Salz der Erde
und wer gut durchsalzen ist,
bleibt lange frisch.

Karel Čapek

Humor ist der
Schwimmgürtel
auf dem Strome
des Lebens.

Wilhelm Raabe

Humor

Die Sonne blickt mit hellem Schein
so freundlich in die Welt hinein.
Mach's ebenso!
Sei heiter und froh!
Der Baum streckt seine Äste vor;
zur Höhe strebt er kühn empor.
Mach's wie der Baum
im sonnigen Raum!
Die Quelle springt und rieselt fort,
zieht rasch und leicht von Ort zu Ort.
Mach's wie der Quell
und rege dich schnell!
Der Vogel singt sein Liedlein hell,
freut sich an Sonne, Baum und Quell.
Mach's ebenso!
Sei rüstig und froh!

Johann Gottfried Herder

Was ich dir wünsche

Ich habe gelernt,
vom Leben nicht viel zu erwarten.
Das ist das Geheimnis aller echten Heiterkeit
und der Grund, warum ich immer
angenehme Überraschungen
statt trostloser Enttäuschungen erlebe.

George Bernhard Shaw

Ist einer heiter, so ist es einerlei,
ob er jung oder alt, gerade oder bucklig,
arm oder reich sei, er ist glücklich.

Arthur Schopenhauer

Der Humor sagt Ja zum Schicksal
aus der Gewissheit,
dass auch noch die Nichtigkeit
des Menschen von der Liebe Gottes
durchströmt ist.

Henrich Lützeler

Humor

Der Humor
nimmt die Welt hin, wie sie ist,
sucht sie nicht zu verbessern
und zu belehren,
sondern sie mit Weisheit
zu ertragen.

Charles Dickens

Durchwandle froh und heiter
dein Leben Jahr für Jahr,
das Glück sei dein Begleiter,
dein Himmel ewig klar!

Sprichwort

Gold und Lachen
können das Alter zur Jugend machen.

Talmud

Was ich dir wünsche

Selig, die über sich selbst lachen;
sie werden genug Unterhaltung finden.

Selig, die einen Berg von einem
Maulwurfshügel unterscheiden;
sie werden sich Ärger ersparen.

Selig, die schweigen und zuhören;
sie werden viel Neues erfahren.

Selig, die kleine Dinge ernst und
ernste Dinge gelassen nehmen;
sie werden weit kommen.

Selig, die Gott erkennen und lieben;
sie werden Güte und Freude ausstrahlen.

Die kleinen Schwestern des Charles de Foucauld, Paris

Humor

Jede Minute, die man lacht,
verlängert das Leben um
eine Stunde.

Chinesische Weisheit

Humor ist eine großartige,
eine befreiende Sache.
In dem Augenblick,
wenn er zutage tritt,
verfliegt all unser Ärger und Verdruss,
und eine strahlende Heiterkeit
tritt an ihre Stelle.

Mark Twain

Wir können nicht glücklich sein,
solange wir nicht gelernt haben,
über uns selber zu lachen.

Dorothy Dix

Was ich dir wünsche

Gelassenheit

Was ich dir wünsche

Geh deinen Weg gelassen und ruhig inmitten des Lärms und der Hast dieser Zeit und erinnere dich, welcher Frieden in der Stille liegt.

Erfreue dich an deinen Leistungen ebenso wie an deinen Plänen. Halte die Begeisterung für deinen eigenen Beruf wach, so bescheiden er auch sein mag; er ist ein wahrer Besitz in den Wechselfällen der Zeit.

Übe Vorsicht in deinen Geschäften; denn die Welt ist voller Tricks und Kniffe. Aber werde nicht blind für das, was dir an Tugend begegnet; viele Menschen streben nach hohen Idealen; und überall ist das Leben voll stillen Heldentums.

Gelassenheit

Sei du selbst. Besonders heuchle keine Zuneigung.

Äußere dich nicht geringschätzig über die Liebe; denn angesichts aller Dürre und Ernüchterung ist sie beständig wie das Gras.

Nimm den Rat der Jahre freundlich an, indem du anmutig abtrittst, was dich in der Jugend umgab. Daher lebe in Frieden mit Gott, wie immer du ihn dir vorstellst und wie auch immer deine Mühen und Erwartungen sein werden in der lärmenden Verwirrung des Lebens, halte Frieden mit deiner Seele.

Aus der Lebensregel von Baltimore, 1692

Was ich dir wünsche

Nimm dir nicht zu viel vor.
Es genügt die friedliche,
ruhige Suche
nach dem Guten an jedem Tag,
zu jeder Stunde,
und zwar ohne Übertreibung
und ohne Geduld.

Johannes XXIII.

Die Rose ist ohne Warum,
sie blühet, weil sie blühet.
Sie achtet nicht ihrer selbst,
fragt nicht, ob man sie siehet.

Angelus Silesius

Gelassenheit

Stets achtete ich die Gelassenheit für eines der höchsten Güter, welche der Mensch auf dieser Erde erringen kann; aber die Gelassenheit unter allen Umständen, die Gelassenheit jedem Wesen und Dinge gegenüber, die Gelassenheit in jeder Lage, sei sie bequem oder unbequem, drohend oder lächelnd, gut oder böse.

Wilhelm Raabe

Was ich dir wünsche

Seelenfrieden

Was ich dir wünsche

Die Ruhe der Seele
ist ein herrliches Ding
und die Freude an sich selbst.
Lieber Freund, wenn nur das Kleinod
nicht eben so zerbrechlich wäre,
als es schön und kostbar ist.

Johann Wolfgang von Goethe

Du kannst dein Leben nicht
verlängern noch verbreitern,
nur vertiefen.

Gorch Fock

Lebe in Frieden mit Gott,
wie immer du ihn jetzt für dich begreifst;
und was auch immer
deine Mühen und Träume sind
in der verwirrenden Unruhe des Lebens.
Halte Frieden mit deiner eigenen Seele.

Irischer Segenswunsch

Seelenfrieden

All das Gute der Natur gehört der Seele
und bleibt ihr Eigentum,
wenn sie es mit der gesetzlichen Münze
der Natur bezahlt hat,
das heißt mit der entsprechenden
Hingabe von Herz und Hirn.

Ralph Waldo Emerson

Das höchste Gut
ist die Harmonie der Seele
mit sich selbst.

Seneca d. J.

Meditation, die der Seele Frieden gibt.
Das Gebet, durch das sie erleuchtet wird
und das Licht der Weisheit wahrnehmen kann.
Die innere Betrachtung,
die den Zugang zu Gott eröffnet.

Bonaventura

Was ich dir wünsche

Was da meiner Seele leuchtet, fasst kein Raum,
was da erklingt, verhallt nicht in der Zeit,
was da duftet, verweht kein Wind,
was da sich eint, trennt kein Überdruss.
Das ist's, was ich liebe,
wenn ich meinen Gott liebe.

Augustinus

Seelenruhe, Heiterkeit und Zufriedenheit
sind die Grundlagen allen Glücks,
aller Gesundheit und des langen Lebens.

Christoph Wilhelm Hufeland

Wer den Frieden der Seele hat,
beunruhigt weder sich selbst
noch einen andern.

Epikur von Samos

Seelenfrieden

Dieselbe Sorgfalt wie auf
den Körper muss man auf
die Seele verwenden.
Meist denkt man nicht daran
und verletzt sie.
Warum das?
Warum ihr nicht Linderung
verschaffen wie dem Körper?

Thérèse von Lisieux

Es ist die Aufgabe
eines jeden Menschen,
zu sich selbst zu kommen,
das innerste Wesen
seines Ichs zu entdecken.
Wie man dorthin gelangen kann
und mit welchen Erfahrungen
diese Entdeckung zusammenhängt,
ist und bleibt aber ein Geheimnis.

Edith Stein

Mögest du in deinem Herzen
das vergangene Lebensjahr
in Dankbarkeit bewahren.

Mit jeden Jahr wachsen die Gaben,
die Gott dir schenkte,
um alle, die du liebst,
mit Freude zu erfüllen.

In jeder Stunde,
Freude und Leid,
lächelt der Menschgewordene dir zu –
bleib du in seiner Nähe.

Aus Irland

Lassen sie uns hübsch diese Jahre
daher als Geschenk annehmen,
wie wir überhaupt unser ganzes Leben
anzusehen haben, und jedes Jahr,
das zugelegt wird, mit Dank erkennen.

Johann Wolfgang von Goethe

Seelenfrieden

Bedenke, dass die Biene es nicht versäumt
auszufliegen, um den Nektar
der Blüten zu sammeln.
Genauso muss es die Seele
mit der Selbsterkenntnis halten.
Glaubt es mir und fliegt zuweilen aus,
um die Größe Gottes zu betrachten.

Teresa von Ávila

Da die Gaben Gottes gar verschieden sind
und nicht alle Menschen
die gleichen Gaben erhalten,
soll jeder auf die ihm von Gott
verliehenen Gaben sorgsam achthaben
und sie mit großer Dankbarkeit
zu Gott zurückgießen.

Mechthild von Hackeborn

Was ich dir wünsche

Nimm dir Zeit zu arbeiten,
das ist der Preis des Erfolges.

Nimm dir Zeit zu denken,
das ist die Quelle der Macht.

Nimm dir Zeit zu spielen,
das ist das Geheimnis ewiger Jugend.

Nimm dir Zeit zu lesen,
das ist die Grundlage der Weisheit.

Nimm dir Zeit zu träumen,
das bewegt dein Gefährt zu den Sternen.

Nimm dir Zeit zu lieben und geliebt zu werden,
das ist das Vorrecht der Götter.

Nimm dir Zeit, dich umzusehen,
das Leben ist zu kurz, um selbstsüchtig zu sein.

Nimm dir Zeit zu lachen,
das ist die Musik der Seele.

Irischer Segenswunsch

Seelenfrieden

Zeit und Muße sind
wie zwei Seiten einer kleinen Münze.
Sie zu missachten
heißt Reichtum verzichten.

Anton Kner

Wer zwingen will die Zeit,
den wird sie selbst zwingen.
Wer sie gewähren lässt,
dem wird sie Rosen bringen.

Friedrich Rückert

Alles, was wir brauchen,
ist tief in uns verborgen und wartet darauf,
sich zu entfalten.
Wir müssen nichts tun,
außer still werden und uns Zeit nehmen,
um nach dem zu suchen,
was wir in uns tragen.

Eileen Caddy

Was ich dir wünsche

Weisheit

Was ich dir wünsche

Herr, du weißt, dass ich von Tag zu Tag älter werde –
und eines Tages alt. Bewahre mich vor dem Drang,
bei jeder Gelegenheit etwas sagen zu müssen.
Erlöse mich von der großen Leidenschaft,
die Angelegenheiten anderer ordnen zu wollen.
Lehre mich, nachdenklich und hilfreich,
aber nicht beherrschend zu sein.
Lehre mich schweigen über meine Krankheiten
und Beschwerden. Sie nehmen zu und die Lust,
sie zu beschreiben, wächst von Jahr zu Jahr.
Ich erflehe nicht die Gabe, Krankheitsschilderungen
anderer mit Genuss zu lauschen. Aber lehre mich,
sie wenigstens geduldig zu ertragen.
Lehre mich die wunderbare Weisheit, dass ich mich
irren kann. Erhalte mich so liebenswert wie möglich.
Ich möchte kein Griesgram sein, aber auch keine
Heilige, denn mit ihnen lebt es sich so schwer.

Nach Teresa von Ávila

Weisheit

Älter werde ich stets,
niemals doch lerne ich aus.

Solon

Wer so lebt, dass er mit Vergnügen
auf sein vergangenes
Leben zurückblickt, lebt zweimal.

Martial

Ein guter Rat ist wie Schnee.
Je sanfter er fällt,
desto länger bleibt er liegen
und desto tiefer dringt er ein.

Simone Signoret

Die Jugend ist die Zeit, Weisheit zu lernen.
Das Alter ist die Zeit, sie auszuüben.

Jean-Jacques Rousseau

Wo Liebe ist und Weisheit,
ist nicht Furcht noch Ungewissheit.
Wo Geduld ist und Demut,
ist nicht Zorn noch Erregung.
Wo Armut ist und Freude,
ist nicht Gier noch Geiz.

Franz von Assisi

Was langsam reift, das altert spät.

Conrad Ferdinand Meyer

Weisheit

In seiner Güte schuf Gott das Nützliche,
in seiner Weisheit das Schöne,
in seiner Macht das Große.

Basilius der Große

Alt werden heißt sehend werden.

Marie von Ebner-Eschenbach

Was gut gepflanzt ist,
wird nicht ausgerissen.
Was treu bewahrt wird,
geht nicht verloren.
Wer sein Gedächtnis
Söhnen und Enkeln hinterlässt,
hört nicht auf.

Laotse

Alt ist man erst dann,
wenn man an der Vergangenheit
mehr Freude hat als an der Zukunft.

John Knittel

Herr, gib mir die Kraft
zu ändern, was ich ändern kann,
die Demut,
anzunehmen, was sich nicht ändern lässt,
und die Weisheit,
zwischen beidem zu unterscheiden!

Friedrich Oettinger

Willst du alt werden,
musst du beizeiten anfangen.

Aus Spanien

Weisheit

Jeder, der sich die Fähigkeit erhält,
Schönes zu erkennen, wird nie alt werden.

Franz Kafka

Leben heißt sich wandeln;
und vollkommen sein heißt,
sich oft gewandelt zu haben.

John Henry Newman

Wer den Gipfel zur Weisheit erreichen will,
muss zum Gipfel der Liebe gelangen.

Hrabanus Maurus

Was ich dir wünsche

Engel

Mögen die Engel Gottes
immer mit dir sein,
dich schützend begleiten
auf dem Weg durch den Tag,
vom ersten Hahnenschrei
bis zum Aufzug des Mondes,
auf dem Weg durch das Jahr,
vom Aufblühen der Knospen
bis zur Ernte,
auf dem Weg durch das Leben,
vom Kind bis zum Greis.

Irischer Segenswunsch

Dein heiliger Engel
sei mit mir,
dass der böse Feind
keine Macht an mir finde.
Amen.

Martin Luther

Engel

Ich sagte zu dem Engel,
der an der Pforte des neuen Jahres stand: Gib mir ein Licht, damit ich sicheren Fußes der Ungewissheit entgegengehen kann. Aber er antwortete: Geh nur hin in die Dunkelheit und lege deine Hand in die Hand Gottes. Das ist besser als ein Licht und sicherer als ein bekannter Weg.

Aus China

Engel sind reine Gedanken Gottes, beflügelt von Wahrheit und Liebe.

Mary Baker Eddy

Was ich dir wünsche

Der Engel Gottes sei vor dir,
um dir den rechten Weg zu zeigen.

Der Engel Gottes sei neben dir,
um dich in die Arme zu schließen
und dich zu schützen.

Der Engel Gottes sei hinter dir,
um dich zu bewahren
vor der Heimtücke böser Menschen.

Der Engel Gottes sei unter dir,
um dich aufzufangen, wenn du fällst,
und dich aus der Schlinge zu ziehen.

Der Engel Gottes sei in dir,
um dich zu trösten,
wenn du traurig bist.

Irischer Segenswunsch

Engel

Unablässig steigen die Engel,
die Boten zwischen Gott und uns,
treue Diener, auf und nieder.
Wir sollen wissen,
dass wir in dieser Welt
nicht verlassen sind,
sollen, so Gott will,
auch leiblichen Schutz
durch sie haben.
Die Engel wiederum nehmen
unsere Gebete hinauf gen Himmel
und bringen uns die Botschaft,
unser Gebet sei erhört.

Martin Luther

Wie viele Engel gibt es?
Einer, der unser Leben
verändert, genügt völlig.

Sprichwort

Drei Engel
mögen dich begleiten
in deiner ganzen Lebenszeit,
und die drei Engel, die
ich meine, sind Liebe, Glück
und Zufriedenheit.

Irischer Segenswunsch

O Mensch,
lerne tanzen,
sonst wissen die
Engel im Himmel
nichts mit dir
anzufangen.

Augustinus von Hippo

Denkt oft an eure Engel,
damit ihr öfters
an euren Gott denkt!

Johann Michael Sailer

Engel

Der Engel des Herrn lagert
sich um die her,
die ihn fürchten,
und hilft ihnen heraus.
Schmecket und sehet,
wie freundlich der Herr ist.
Wohl dem, der auf ihn traut!

Psalm 34,8f

Wir können die Engel
nicht sehen.
Aber es ist genug,
dass sie uns sehen.

Charles Haddon Spurgeon

Von Zeit zu Zeit
erscheinen uns
wunderbare Engel,
geschickt verkleidet
als ganz normale
menschliche Wesen.

Adele Basheer

Mache dich mit Engeln
vertraut und betrachte
sie oft im Geiste.
Denn auch wenn man
sie nicht sieht,
sind sie doch bei dir.

Franz von Sales

So wahr der Herr lebt, hat
er mich durch seinen Engel
behütet, als ich hinging,
als ich dort war und als ich
zurückkam.

Judit 13,20f

Alles hat seine Engel:
Zeiten und Jahre,
Flüsse und Meere,
Früchte und Gras,
Schnee und Wolken,
die Sterne!

Aus dem slawischen Henochbuch

Man ist ja von Natur
kein Engel,
vielmehr ein Welt- und
Menschenkind.
Und ringsherum ist ein
Gedrängel von solchen,
die dasselbe sind.

Wilhelm Busch

Engel legen
uns Schlüssel
für die Herzen
von anderen
in die Hand.

Odilo Lechner

Engel

Sie kommen noch immer durch
den aufgebrochenen Himmel, die
friedlichen Schwingen ausgebreitet,
und ihre himmlische Musik schwebt
über der ganzen müden Welt …

William Shakespeare

Entdecke die
Schönheit in
deinem Leben.
Ein Engel hat sie
dir geschenkt.

Mathilde von der Au

Wer Vertrauen hat,
erlebt jeden Tag Wunder.

Peter Rosegger

Bibliografische Information der Deutschen Nationalbibliothek
Die Deutsche Nationalbibliothek verzeichnet diese Publikation in der Deutschen Nationalbibliografie; detaillierte bibliografische Daten sind im Internet über http://dnb.d-nb.de abrufbar.

Fotonachweis:
Umschlag: © jovica antoski/Fotolia.de
Eingangsdoppelseite: © picsfive/Fotolia.de
Lebensfreude: © iMAGINE/Fotolia.de (Kapitelanfang), © Gautier Willaume/Fotolia.de
Erfüllung: © SSilver/Fotolia.de (Kapitelanfang), © Heino Pattschull/Fotolia.de
Glück: © Martin Kubat/Fotolia.de (Kapitelanfang), © Christian Jung/Fotolia.de
Glaube: © Eric Gevaert/shutterstock (Kapitelanfang), © Elenathewise/Fotolia.de
Hoffnung: © awfoto/Fotolia.de (Kapitelanfang), © Maria Brzostowska/Fotolia.de
Liebe: © TineTaucher/Fotolia.de (Kapitelanfang), © Dmitry Remesov/Fotolia.de
Stille: © gandolf/Fotolia.de (Kapitelanfang), © Unclesam/Fotolia.de
Humor: © MH/Fotolia.de (Kapitelanfang), © adimas/Fotolia.de
Gelassenheit: © Apollofoto/shutterstock (Kapitelanfang), © Unclesam/Fotolia.de
Seelenfrieden: © Sunnydays/Fotolia.de (Kapitelanfang), © martine wagner/Fotolia.de
Weisheit: © veida/Fotolia.de (Kapitelanfang), © Beboy/Fotolia.de
Engel: © Marco Klaue/Fotolia.de (Kapitelanfang und Seitenillustration)

Besuchen Sie uns im Internet:
www.st-benno.de

ISBN 978-3-7462-3024-5

Stammerstr. 11, 04159 Leipzig
Zusammengestellt und herausgegeben von Volker Bauch, Leipzig
Umschlaggestaltung: Ulrike Vetter, Leipzig
Gesamtherstellung: Arnold & Domnick, Leipzig (A)